글 김성화·권수진

부산대학교에서 생물학, 분자생물학을 공부했습니다. 《과학자와 놀자》로 창비 좋은어린이책 상을 받았습니다. 첨단 과학은 신기한 뉴스거리가 아니라 물리 법칙으로 가능한 과학 세계의 이야기라는 것을 들려주려고 '미래가 온다' 시리즈를 쓰기 시작했고, 《미래가 온다, 로봇》, 《미래가 온다, 나노봇》, 《미래가 온다, 뇌 과학》 등 20권을 완간했습니다.
지금은 수학적으로 사고하는 방법과 그런 사고가 미래를 어떻게 바꿔 놓을지까지, 과정에 충실한 수학 정보서, '미래가 온다' 수학 시리즈를 진행하고 있습니다.
《고래는 왜 바다로 갔을까?》, 《과학은 공식이 아니라 이야기란다》, 《파인만, 과학을 웃겨 주세요》, 《우주: 우리우주에 무슨 일이 있었던 거야?》, 《만만한 수학: 점이 뭐야?》 등을 썼습니다.

그림 정오

시각디자인을 전공했으며, 따뜻한 마음을 전달하는 그림 작가입니다.
최근에는 불완전함의 매력에 대하여 연구하며 그림을 그리는 것에 집중하고 있으며,
출판, 포스터, 영상 삽화 등 다양한 작업에 참여하고 있습니다.
《집에 있는데도 집에 가고 싶어》, 《새드 엔딩은 취향이 아니라》 등에 그림을 그렸습니다.

미래가 온다
X가 나타났다!
기호와 식

와이즈만 BOOKs

미래가 온다 수학

03 기호와 식 X가 나타났다!

1판 1쇄 발행 2023년 10월 5일 | 1판 2쇄 발행 2024년 4월 24일

글 김성화 권수진 | 그림 정오 | 발행처 와이즈만 BOOKs | 발행인 염만숙

출판사업본부장 김현정 | 편집 강숙희 원선희 양다운 이지웅
기획·책임편집 임형진 | 디자인 권석연 | 마케팅 강윤현 백미영 장하라

출판등록 1998년 7월 23일 제1998-000170 | 제조국 대한민국
주소 서울특별시 서초구 남부순환로 2219 나노빌딩 5층
전화 마케팅 02-2033-8987 편집 02-2033-8983 | 팩스 02-3474-1411
전자우편 books@askwhy.co.kr | 홈페이지 mindalive.co.kr | 사용연령 8세 이상
ISBN 979-11-92936-05-5 74410 979-11-92936-02-4(세트)

ⓒ 2023, 김성화 권수진 정오 임형진
이 책의 저작권은 김성화, 권수진, 정오, 임형진에게 있습니다.
저자와 출판사의 허락 없이 내용의 일부를 인용하거나 발췌하는 것을 금합니다.

잘못된 책은 구입처에서 바꿔 드립니다.

와이즈만 BOOKs는 (주)창의와탐구의 출판 브랜드입니다.
KC마크는 이 제품이 공통안전기준에 적합하였음을 의미합니다.

미래가 온다
X가 나타났다!

기호와 식

김성화·권수진 글 | 정오 그림

차례

0 수학을 도둑맞았다! 7

1 우리는 이제 진짜 수학을 할 거야 21

2 수학은 위대한 아이디어야 33

3 옛날에는 수학을 읽었어! 49

4 방정식의 세계로! 57

5 x가 나타났다! 69

6 나이를 맞추는 마술 77

7 x 제곱이 나타났다! 93

8 신전의 제단을 두 배로 크게 만들라 103

9 두둥! 수학 시합이 벌어져 113

10 인공 지능에게 수학을 맡겨? 123

0 수학을 도둑맞았다!

우리는 이것을 도둑맞았어!
"뭘?"
거봐! 없어졌는데, 없어진 것도 모르고 있다니까.
도둑맞은 지 너무 오래되어서 아무도 그걸 도둑맞았는지 몰라.

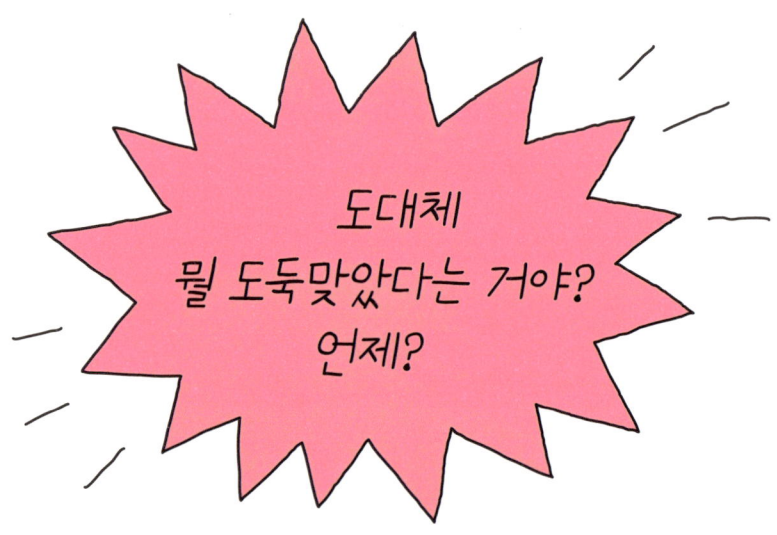

어쩌면 네가 태어나기 훨씬 전부터!
분명 엄마, 아빠도 그걸 도둑맞았을걸.

누군가 우리에게서 아름다운 무언가를 빼앗아 갔는데 아무도 화를 안 내. 화를 내기는커녕 그것에 관한 얘기만 나오면 주눅이 들어. 아이도 어른도 그걸 두려워하고 싫어해!
"뭐야, 뭐야?"
바로 바로 수학 말이야.

너는 수학이 좋아?
"네버!"
거봐!
벌써 수학을 싫어하잖아! 학교에 오래 다닐수록 점점 더 싫어질걸.
엄마에게 물어봐.

만약에 이런 일이 일어난다고 상상해 봐.
지구에 괴상한 사건이 일어나서, '게임'이란 누구나 지루하고
따분한 것이라고 믿게 되었다고 말이야.
학교에서 12년 동안 게임 과목을 배우는데 진짜 게임은
한 번도 해 본 적이 없어. 학교에서 매일 코딩 언어를
암기하고 숙제를 하고 시험을 쳐. 게임은 대학에 가기 위해
할 수 없이 배워야 하는 따분한 과목이라서 졸업하면 두 번
다시 거들떠보지 않는 거야. 게임이라고? 그런 건
프로그래머에게나 맡기라고 해!
"말도 안 돼! 게임이 얼마나 재밌는데!"
게임이 수학이라고 생각해 봐.
수학에 그런 일이 일어났다면 믿을 수 있겠어?
"그게 무슨 말이야?"

너 혹시 수학 문제집을 풀고 있어?
"당연하지!"
그렇다면 조심해.

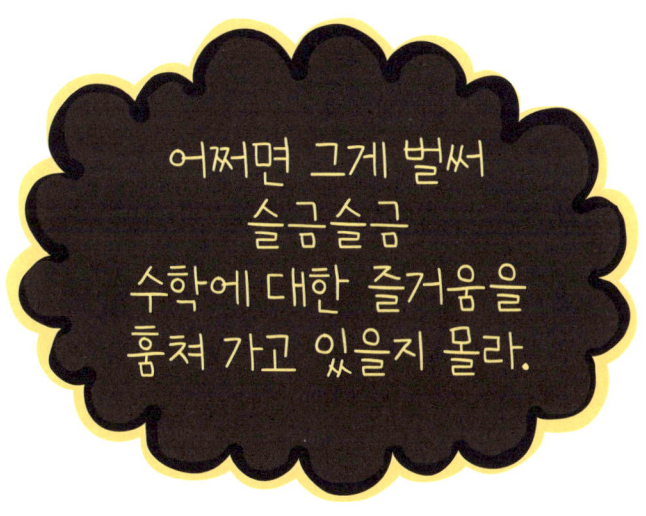

어쩌면 그게 벌써
슬금슬금
수학에 대한 즐거움을
훔쳐 가고 있을지 몰라.

혹시 그걸 풀 시간이 다가오면 이상한 증상이 느껴지지 않아?
갑자기 똥이 마렵다거나 몸이 간질간질하다거나 멀리멀리 심부름이 가고 싶다거나.
"어떻게 알았어?"
그렇다면 조심해. 너는 벌써 병에 걸렸을지도!

"푸하하!"

"너무 좋아. 당장 할래!"

좋아!

그러면 언젠가…… 수학이 하고 싶어질지도 몰라!

"설마!"

"네버!"

정말이라니까.

그렇지 않다면 수학은 오래전에 지구에서 멸종했을걸!

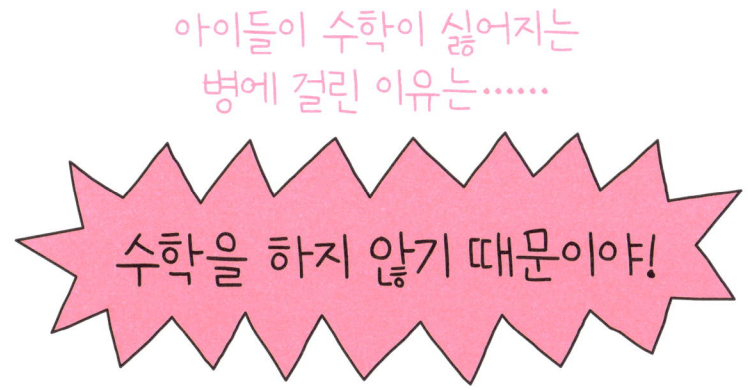

"뭐래!"

"나는 매일매일 계산 문제를 100개씩 푼다고!"

대단한데.

하지만 대단한 게 아니야.
"왜?"

그건 놀이동산에 가서 하루 종일 줄을 서서, 표를 100번 끊다가 돌아오는 것과 비슷해. 그런데도 어른들이 말하길, 표를 끊는 연습을 하는 게 대단히 중요하고 가치 있는 일이라는 거야. 꿈을 이루려면 하루도 빠짐없이 표 끊는 연습을 해야 해. 눈을 감고도 척척 표를 끊을 수 있을 만큼!
"푸하하!"

놀이동산에 들어가려면 표가 있어야 해. 표가 없으면 놀이기구를 못 타.
하지만 놀이동산에 롤러코스터와 드롭타워, 자이로스윙, 회전 그네와 귀신의 집이 있다는 걸 모르고 평생 표 끊는 연습만 하다가 죽으면 얼마나 억울하겠어?

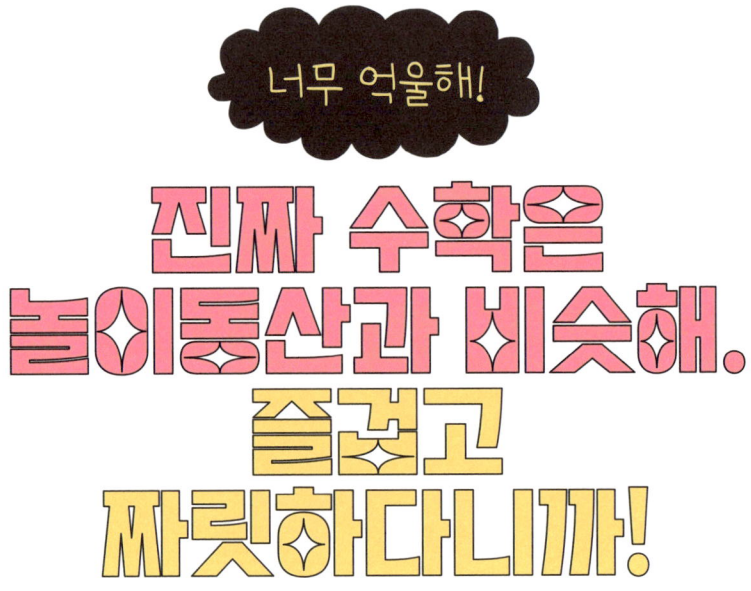

놀이동산 안에 놀이동산 안에 놀이동산 안에 놀이동산 안에 놀이동산이 있다면 믿을 수 있겠어?

"수학이 그런 거라고? 설마!"
그렇다니까!
"그럼 수학 문제집엔 왜 그 비슷한 것도 없는 거야?"
말했잖아. 그건 표를 끊는 연습만 하는 거라고. 무슨 표인지도 모르고!
상상해 봐.
음악을 배운다면서 악보만 그려. 노래는 안 불러.
요리를 배운다면서 매일매일 레시피만 암기해.
비행기가 하늘을 나는 것이라는 것도 모른 채 창고에서 매일 나사 돌리는 연습만 한다면 재밌겠어? 신나겠어?

악보만 그리지 말고, 노래를 불러!
레시피만 외우지 말고, 요리를 해!
나사만 돌리지 말고, 하늘을 날아!
수학 문제집만 풀지 말고, 수학을 해!
준비됐어?

①
우리는 이제 진짜 수학을 할 거야

봐, 봐!

**네모 안에 세모가 있어.
직사각형 안에 삼각형이!**

뭐가 더 커?

당연히 네모지!

**네모가 세모보다
정확히 얼마나 더 커?**

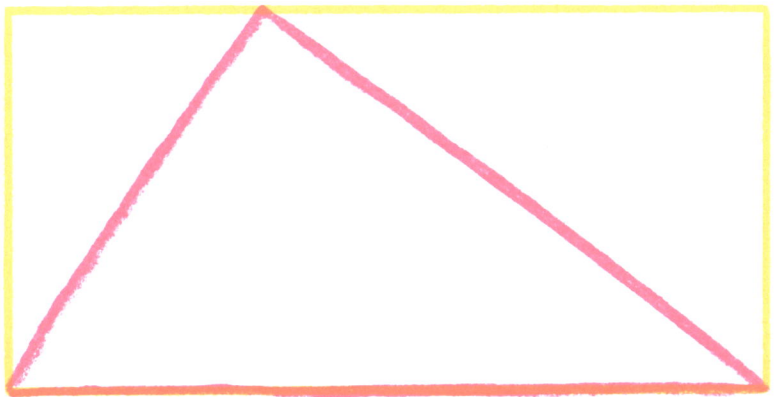

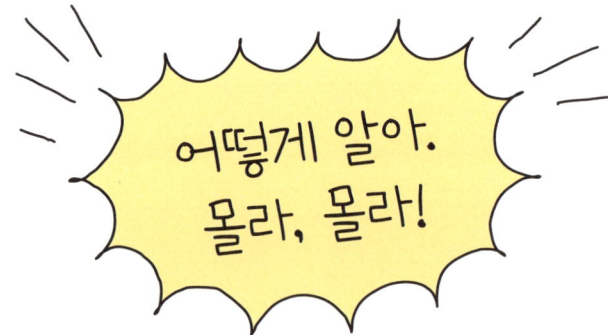

그럼 좋아.
책을 덮어!

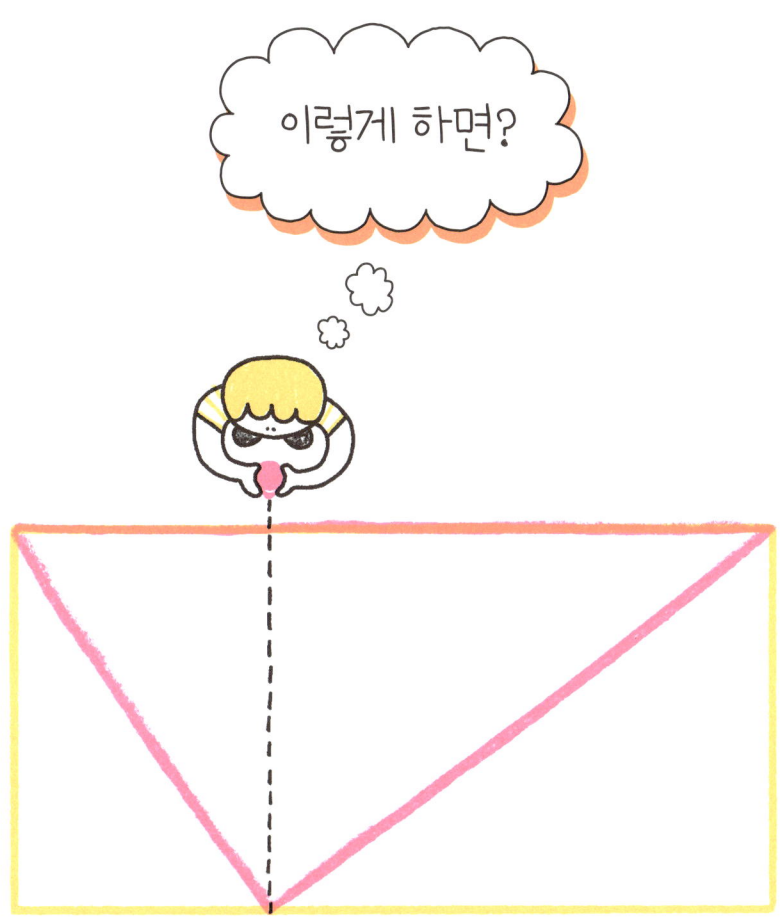

"헉헉!"

"알았어. 알았어!"

무얼?

"사각형이 삼각형보다 두 배 커. 딱 두 배!"

헉! 어떻게 알았어?

"그냥 알았어."

어떻게?

"줄을 그었어!"

와우! 너는 방금 위대한 생각을 했어.
단순하고 우아하고 아름다운 생각!

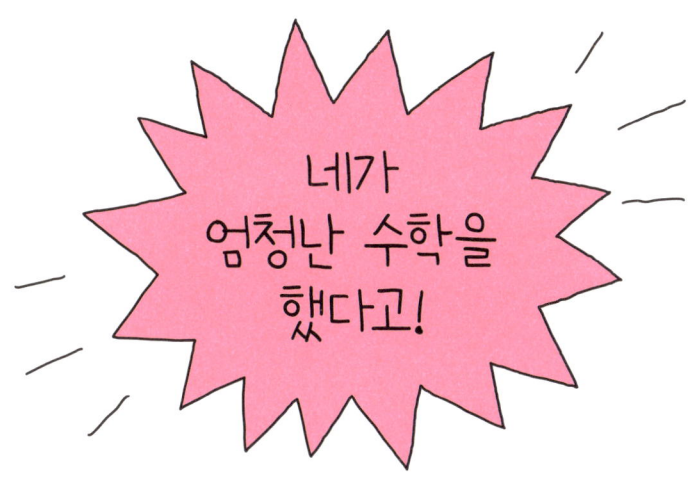

"내가?"
네가!
"무얼 했는데?"
모르겠어?
너에게 엄청난 일이 일어난 걸?

줄을 하나 그었을 뿐인데, 놀라운 일이 일어나.
사각형이 나뉘었어.
단박에 알아, 단박에 보여.
사각형이 삼각형의 딱 두 배야!
네가 증명했어. 줄 하나로!

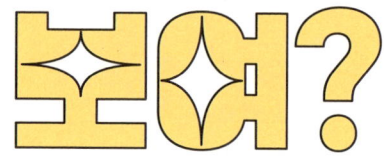

아파트만큼 커다란 사각형, 카드만큼 조그만 사각형,
이쑤시개만큼 좁다란 사각형, 기차만큼 기~다란 사각형…….
우주의 모든 사각형으로 재 보지 않아도 단박에 보여. 단박에 알아.
사각형에 삼각형을 포개면 사각형이 언제나 삼각형의 딱 두 배야!

이렇게 간단하고 순수하고 아름다운 것은 수학밖에 없어!
처음에는 아무것도 없었어.
그런데 줄 하나로 알게 되고 말았어.
알겠어?
네가 얼마나 위대하고 아름다운 생각을 했는지!
그런 생각을 한 네가 어제와 똑같은 너일까?

수학 수업은 멍청하고 지루해!
맨날 맨날 연습 문제를 풀고, 점수를 매겨.
수학자에게 매일 그런 걸 하라면 도망쳐 버릴걸?

수학은 그런 게 아니라고요.

아무도 가르쳐 주지 않았는데 네가 사각형 안에 줄 하나를 그었잖아?
그게 바로 아이디어야!

옛날 옛날에는 사각형이 없었어.
삼각형도 없었고.
아무것도 없었는데 사각형을 상상하고, 삼각형을 상상해.
사각형에 삼각형을 포개.

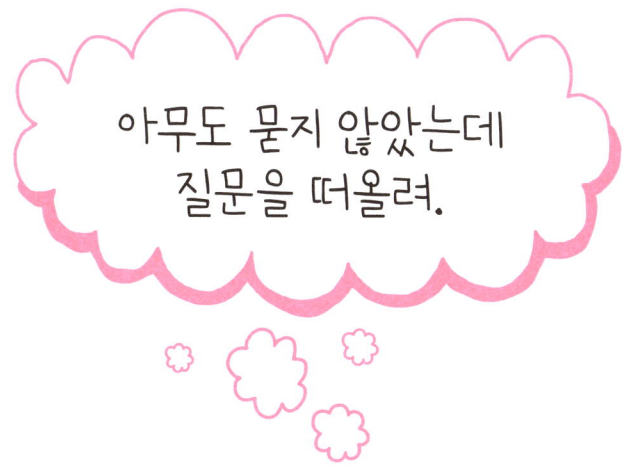

아무도 묻지 않았는데 질문을 떠올려.

답을 알고 싶어 이렇게도 해 보고, 저렇게도 해 보고…….
그러다가 문득 위대한 아이디어가 떠올라.
그거 알아?
모든 수학은 아이디어야.
아이디어가 없다면 수학이 없어!

구름 한 점, 나무 한 그루, 호랑이 한 마리, 손가락 한 개, 풍뎅이 한 마리, 똥 한 덩이…….
크기가 크든 작든, 모양이 반듯하든 찌그러졌든, 먹을 수 있든 없든, 하늘에 있든 땅에 있든, 생물이나 무생물이나 하나이기만 하면 그게 뭐든지 '1'이라고 해!

그렇게 생겨났어!

1, 2, 3, 4, 5, 6, 7, 8, 9

수를 기호로 만들어,

위대한 아이디어야!

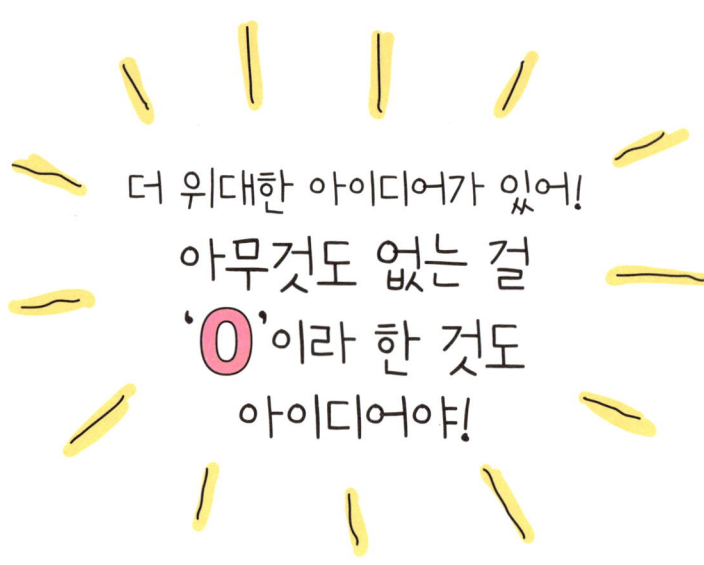

더 위대한 아이디어가 있어!
아무것도 없는 걸
'0'이라 한 것도
아이디어야!

"0이 아이디어라고?"
0을 너무 많이 봐서 시시하게 보여?
상상해 봐. '없다'는 게 어떻게 수가 될까?
수는 세는 거야. 없는 걸 어떻게 세냐고!
그런데 세었어. 0이라고!
아무것도 없는데, 0개가 있다고 상상하는 게 쉬운 일 같아?
0개의 사과, 0개의 바나나, 0개의 구름, 0개의 동전, 0개의 기차…….
일상생활에서 0은 별로 필요가 없어.

0개 주세요!

0은 별로 필요도 없는 수인데 0이 너무 필요해!

"왜?"

0 덕분에 네가 쉽게 수를 쓰는 거야!

0이 없다면 곤란한 일이 생겨.

수가 엄청나게 길어져.

0이 없다면 10을 뭐라고 쓰겠어?

"1, 2, 3, 4, 5, 6, 7, 8, 9……. 음……."

"ㅂㅕㅇㅋㅅㅇㅇㅇ"

십을 나타내는 숫자를 ⌒라고 했다고 쳐.

그럼 11, 12, 13, 14는

⌒1, ⌒2, ⌒3, ⌒4가 되고 20은 ⌒⌒이 돼.

91을 숫자로 쓰려면 ⌒⌒⌒⌒⌒⌒⌒⌒⌒1이 될 거야!

그럼 909는 바로 바로 이렇게 된다는 말씀!

0 덕분에 수가 간단해져. 수학이 쉬워져!

0이 없다면 큰 수를 어떻게 쓰겠어?

계산을 어떻게 하겠어?

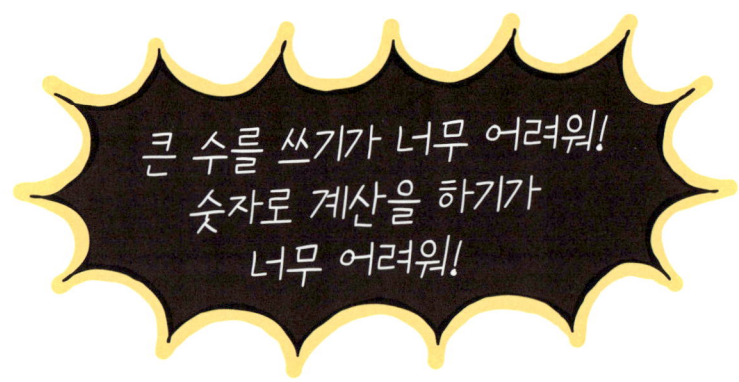

덧셈, 뺄셈은 그래도 괜찮아.

하지만 곱셈을 하는 것은 간단한 일이 아니야. 나눗셈은 최고 수준의 대학에서 가르치는 과목이었어!

그런데
오오오앗!
인도의 수학자들은
오래전부터
0을 이용해
큰 수를 쓰고 있었어.

이렇게 말이야!

10
100
1000
10000
100000
1000000
10000000

인도에서는 뭐든지 열 개씩 묶어서 한 묶음이 되면 1을 한 칸 앞으로 보냈어. 그리고 1이 있던 자리에는 0을 그렸어.
이렇게 말이야.

10

하하, 열 개짜리가 한 묶음 있고, 낱개가 하나도 없다는
뜻이야.
열 묶음이 또 열 개가 되면, 1을 또 한 칸 앞으로 보내고
1이 있던 자리에 0을 또 하나 그렸어. 이렇게 말이야.

100

하하, 백 개짜리가 한 묶음 있고, 열 개짜리는 하나도 없고,
낱개도 하나도 없다는 뜻이야.

인도의 방식대로 큰 수를 써 봐.

백 하고도 일곱 개를 숫자로 쓸 수 있겠어?

"당연하지."

"107!"

구천 하고도 다섯 개를 숫자로 쓸 수 있겠어?

"당연하지!"

"9005!"

옛날에 태어났다면 그렇게 순식간에 말할 수 없을걸.

0 덕분에 큰 수를 단번에 써!

1000000000

아무리 아무리 아무리 큰 수도…….

믿어져?

위대한 아이디어야!

아무것도 없는데, 없다고 하지 않고 '0'이 있다고 상상한 덕분에 인류가 큰 수를 척척 쓰고 말하는 존재가 되었어. 0 덕분에 어린아이도 덧셈, 뺄셈, 곱셈, 나눗셈을 척척 할 수 있어!

만약에 네가 0이 없는 세상에 태어났다면, 백보다 큰 수는 계산하지 못할걸. 그걸 하고 싶다면 엽전을 두둑하게 지고 계산 전문가에게 가야 해.

③ 옛날에는 수학을 읽었어!

기호가 없었을 때……

820년에 세상에서 가장 똑똑하고 가장 이름이 기다란 수학자가 살았어. 이름이 아부 압둘라 무함마드 이븐 무사 알콰리즈미야.

아라비아의 아부 압둘라 무함마드 이븐 무사 알콰리즈미는 어느 날 계산에 관한 유명한 수학책을 썼어. 수학을 안 배운 사람도 밤이 새도록 그 책을 읽을 수 있었어. 글자를 읽을 수 있고, 방 안을 밝힐 등잔 기름이 넉넉하게 있고, 무슨 뜻인지 알고야 말겠다는 강한 의지만 있다면 말이야.

수 하나를 곱하고 곱하고 곱하라.
거기에 얼마를 더하라.
그러면 어떤 수가 되리라.
그런 다음 얼마에 삼분의 일을 곱하라.
그걸 세 번 곱하라.
그러면 이것과 어떤 수는
같을지니…….

"푸하하, 수학책이야?"
"국어책이 아니고?"
옛날에는 수학책이 국어책 같았다니까. 그런데 어느 날 국어책 같은 수학책에 슬쩍 등장하지 않았겠어?
바로 바로…… 이런 게 말이야.

1489년 독일의 수학자가 더하기를 +라고 쓰고, 빼기를 −라고 썼어. 다른 수학자가 물었어.
'이게 뭡니까?'
'더하시오, 빼시오입니다. 자꾸자꾸 써야 하는 게 귀찮아서 말이오.'
"헐! 게으름뱅이잖아!"
어떻게 알았어? 수학자는 모두 조금은 게으름뱅이라는 걸!
+ 기호는 사실 수학자가 만든 게 아니야. 수학자가 장사꾼에게서 슬쩍한 거야.

+의 진실

시간은 없고 할 일은 많은 장사꾼들이 더하기라는 글자 대신
기호를 쓸 놀라운 생각을 했다는 거야.
그리고 그걸 수학자들이 슬쩍 가져와서 썼다는 말씀!
그 뒤로 기호 만들기가 유행했어.
수많은 기호가 나타났다가 사라지고, 어떤 건 그걸 만든
수학자 혼자만 쓰다가 사라졌어. 어떤 건 모양이 바뀌기도
했어. 기호가 하도 뒤죽박죽이어서 어떤 수학자는 이렇게
말했어.

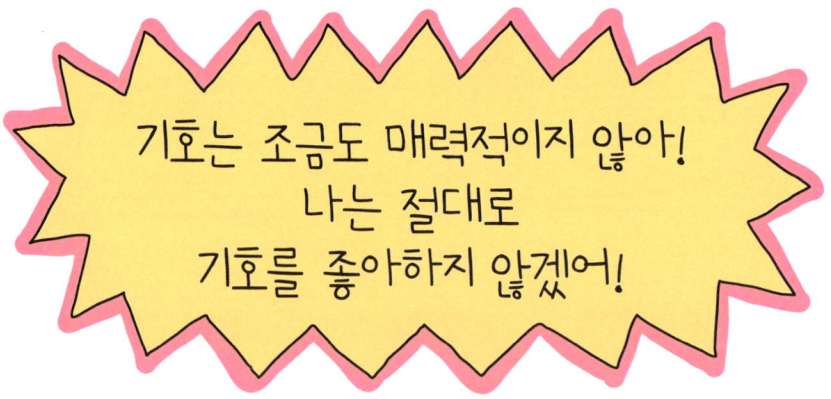

기호는 조금도 매력적이지 않아!
나는 절대로
기호를 좋아하지 않겠어!

그래도 기호가 계속 생겨났어.
왜?
너무 편리하니까!

× 기호는 + 기호와 너무 비슷해서 수학자들이 오랫동안 투덜거렸어. =는 맨 처음에 이렇게 생겼어.

"푸하하!"
1557년에 로버트 레코드라는 수학자가 이걸 만들고 좋아했어.
'이것보다 더 같을 수는 없을걸!'
처음에는 이렇게 길었는데, 너무 길어서 나중에 싹둑 잘라 버렸어. =이 되었어!

방정식의 세계로!

7 + ☐ = 11
☐를 구하시오!

> 푸하하,
> 나를 뭘로 보고.
> 4잖아!

☐ + 50 = 100
☐를 구하시오!

$\square + 22 = 35$

$18 - \square = 7$

$\square - 9 = 21$

$5 \times \square = 55$

"너무 쉬워!"

쉽다고? 대단한데?

네가 방금 방정식을 풀었어!

"내가?"

네가!

"나는 방정식 안 배웠는데!"

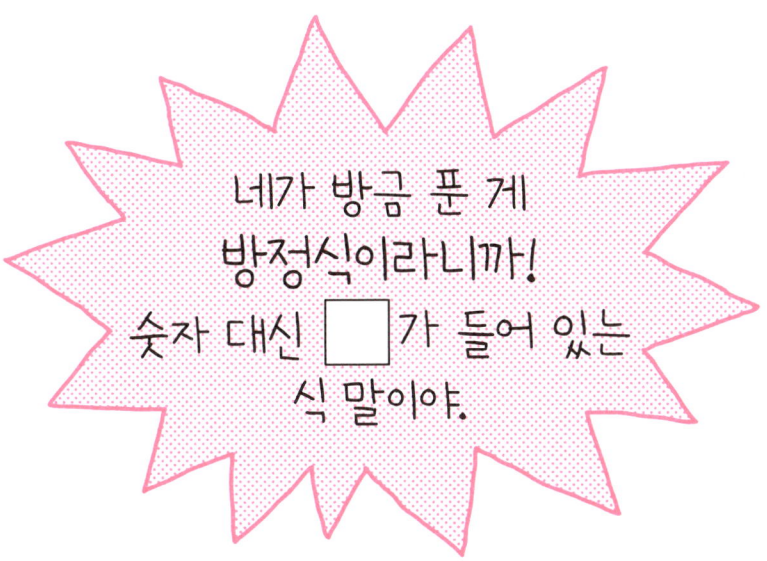

네가 방금 푼 게 방정식이라니까! 숫자 대신 □가 들어 있는 식 말이야.

"오호, 그렇게 쉬운 거라고? 그렇다면 얼마든지!"

"또, 또 내 봐."

이건 어때?

$$\square + \square = 100$$

"10이랑 90!"

땡! 틀렸어.

"왜?"

"맞잖아. 10 + 90 = 100!"

아니, 아니. □와 □잖아.

□와 △가 아니라고.

□와 □, 똑같은 수야!

"아하! 50?"

"50 + 50 = 100!"

바로 그거야.

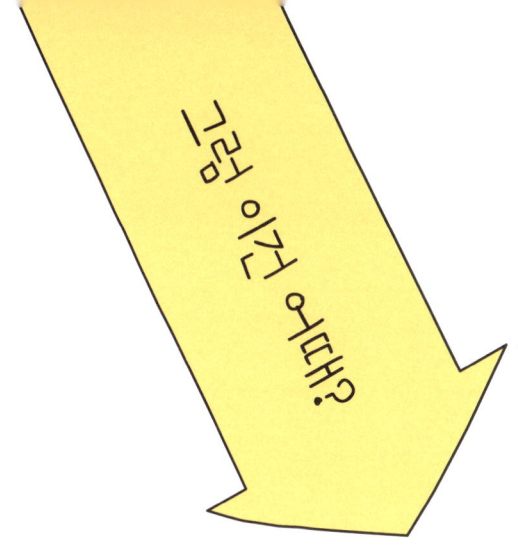

그럼 이건 어때?

□ + □ + □ + □ = 100

"25야!"
"25 + 25 + 25 + 25 = 100."
와우! 잘하는데?

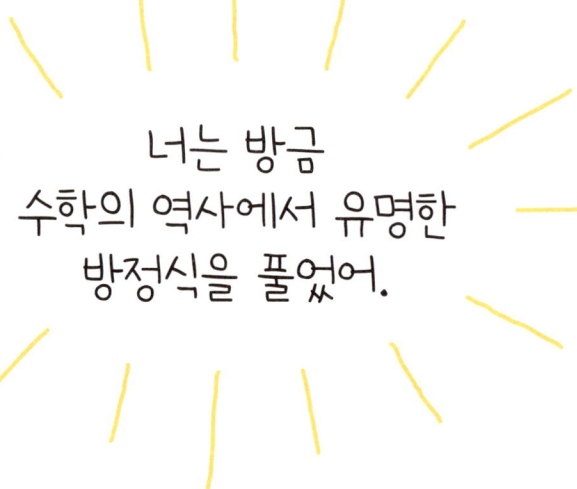

너는 방금
수학의 역사에서 유명한
방정식을 풀었어.

"내가?"
네가!
1000년 전에 고급 수학 교과서에 이런 문제가 나왔어.
어느 마을에 부자가 살았는데 죽을 때 세 아들에게 똑같이
나눠 가지라고 염소 100마리를 유산으로 남겨 주었어.
단, 막내 아들을 너무 사랑해서 형들보다 두 배로 더 많이
가지라고 했다는 거야!

부자와 세 아들

첫째 아들은 염소를 몇 마리 가져야 할까?

둘째 아들은 염소를 몇 마리 가져야 할까?

셋째 아들은 염소를 몇 마리 가져야 할까?

알겠어?

"몰라, 몰라!"

네가 방금 전에 벌써 풀었는걸?

"내가?"

"언제?"

첫째 아들이 받을 염소를 ☐마리라고 해 봐.

둘째 아들이 받을 염소도 ☐마리야.

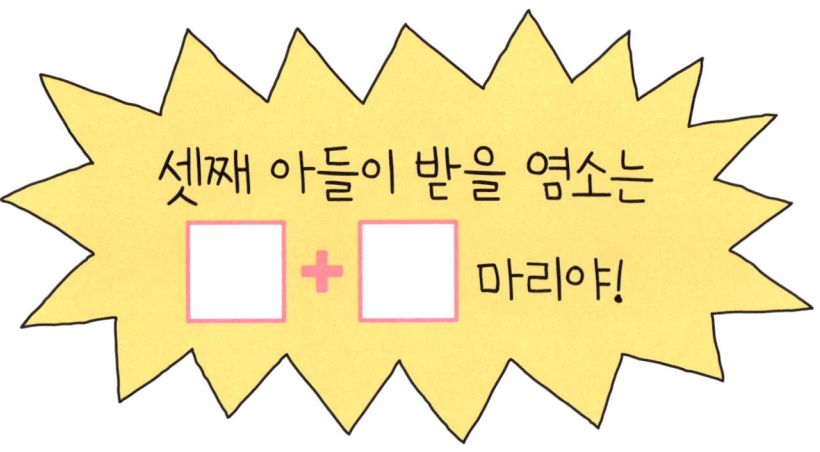

"왜?"

형들보다 두 배로 많이 가지라고 했잖아!

"아하!"

"음…… 25마리야!"
"첫째와 둘째는 25마리! 막내는 50마리!"
대단한데?
옛날 사람들이 이런 걸 아주 많이 풀었다니까!
"왜?"
하하, 유산을 나눠 가지려고 자식들이 방정식을 풀었어!

그런데 이름이 왜 방정식일까?
"나라면 그냥 네모가 있는 식이라고 할 텐데!"
어떻게 알았어?
한자로 '방'이 네모라는 뜻이야.
네모를 정하라고 방정식 아닐까?
"푸하하!"

⑤ X가 나타났다!

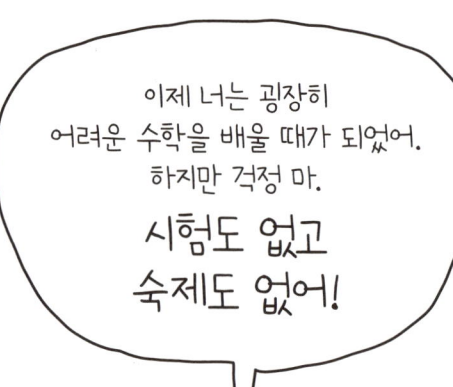
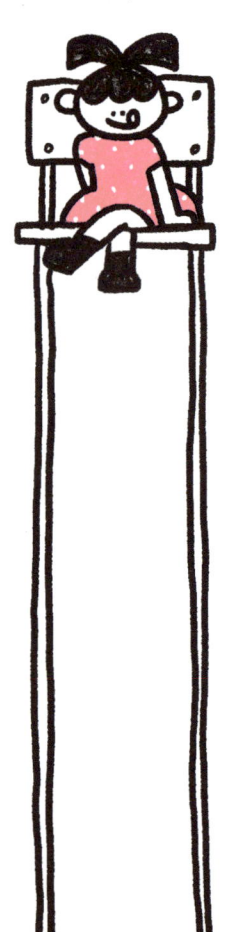

"너무 좋아!"

옛날 옛날 신드바드가 모험을 하던 시절에 아라비아에 위대한 수학자들이 살았어. 신드바드가 걸어 다니던 바그다드 시장에 수학자들도 어슬렁어슬렁했을걸. 1200년쯤 전 아라비아의 바그다드 도시는 오늘날 뉴욕이나 파리 같은 대도시였어. 세계의 진귀한 물건들과 소문이 모여들어!

어쩌면 그곳에서 아라비아 수학자들이 인도의 수학을 알게 되었는지 몰라. 인도의 숫자 1, 2, 3, 4, 5, 6, 7, 8, 9, 0도! 그건 원래 인도의 숫자였는데 아라비아의 수학자들이 이 놀라운 기호에 반해 전 세계로 퍼뜨렸다는 거 아니겠어? 그래서 지금도 1, 2, 3, 4, 5, 6, 7, 8, 9, 0은 아라비아 숫자라 불려.

"오호!"

옛날에…

수학책에 x가 나타났어!

수학책에서 x를 발견하면 겁먹을 거 없어. 그건 그저 아라비아 말로 '어쩌고저쩌고'란 뜻이야. '어쩌고저쩌고'가 어쩌다 저쩌다 x로 변신했어! 하지만 잊지 마. 모양이 어떻게 변했든 그건 수라는 거야.

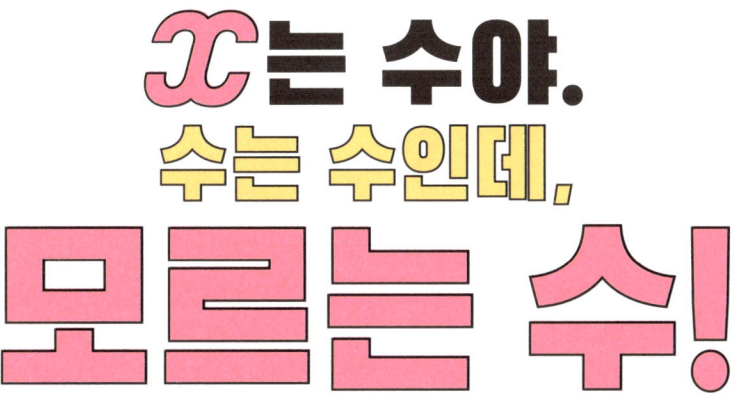

x는 수야. 수는 수인데, 모르는 수!

$$2 + x = 5$$

x가 얼마일까?

"너무 쉬워. 3!"

오호, 네가 x의 값을 구했어!

"뭐가 어려워? 너무 쉬운데?"

좋은 징조야. 수학을 배우다가 언젠가 x를 만나면 기대해도 좋아. 한층 수준 높은 수학의 세계로 들어가는 거니까!

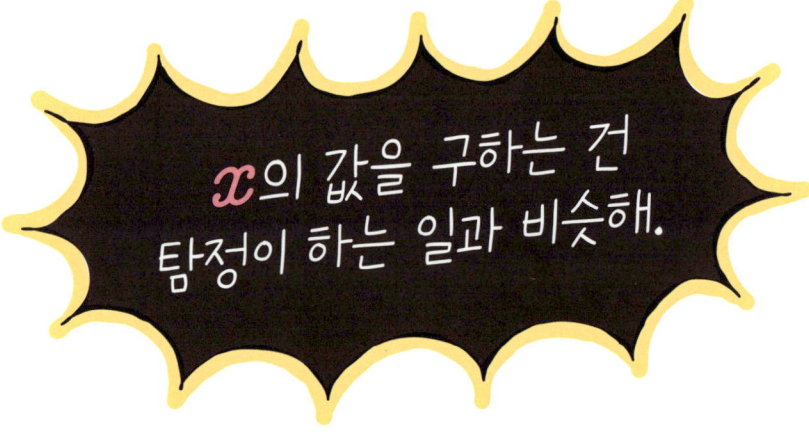

x의 값을 구하는 건 탐정이 하는 일과 비슷해.

모르는 수 x를 범인처럼 찾아내려고 애써야 하기 때문이야. 할 수 있겠어?

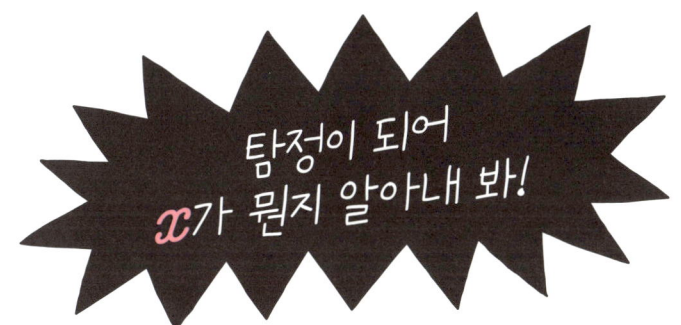

$x + 8 = 20$

$19 - x = 5$

$3 \times x = 27$

$2 \times x + 3 = 7$

오호, 잘하는데?

기대해.

조심해.

x를 만날 때마다 탐정이 되고 싶을지 몰라!

⑥ 나이를 맞추는 마술

"어떻게 알았어?"
알 수 있어!

방정식을 만들면 돼!

너무 어려워!

아니, 쉬워!
엄마 나이를 모르지?
엄마 나이를 x라고 해.
이제 시작이야.

엄마 나이에 두 배를 하라고 했으니까

거기에 8을 더하라고 했으니까

그게 90이니까

$$2 \times x + 8 = 90$$

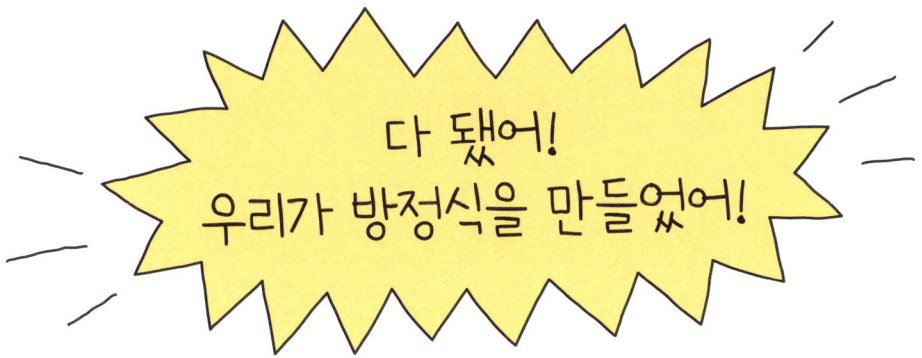

"방정식을 만들었다고? 우리가?"
우리가!
x를 찾을 수 있겠어?
"뭐래! 엄마 나이는 벌써 알고 있다고!"
아니 아니, 너는 방금 빛의 속도로 수백 광년 우주여행을 하고 와서 엄마의 나이를 잊어버렸어. 지구에 돌아와 네가 써 놓은 이상한 방정식을 발견한 거야. 네가 지구를 떠나기 전 엄마의 나이라는 걸 까마득히 모른 채 이걸 본다면,
x가 뭔지 궁금하지 않겠어?
탐정이 되어 x를 찾아봐!
탐정이 맨 처음 하는 게 뭐겠어?
"뭐야?"

> 방정식을
> 뚫어지게 봐.

$$2 \times x + 8 = 90$$

"벌써 째려보고 있다고!"
어디서부터 조사해야 할까?
단서가 보여?
"기다려 봐!"
실마리가 될 만한 게 있어?
"있어, 있어!"

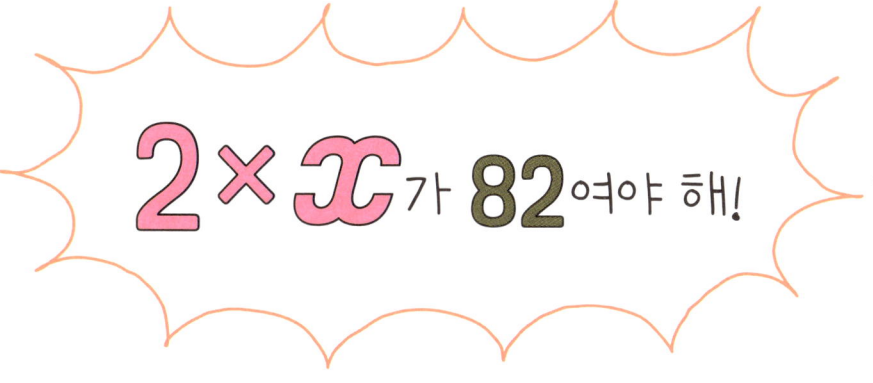

오호!
"$x = 41$이야!"
대단한데?
"너무 쉬워. 돌팔이 탐정이라도 알걸."
아닐걸.

이제 수학책에 x가 많이 나와도 겁먹지 마.
언제 어디서나 x가 나타나면 탐정처럼 해결하는 거야.

> **x와 x의 주변을 뚫어지게 봐!**
> 앞에서 보고, 옆에서 보고,
> 위에서 보고, 아래서 보고.

"거꾸로 봐도 돼?"
당연하지.
그러면 단서가 보여!
아무리 뚫어지게 봐도 단서 비슷한 것도 보이지 않는다고?
방정식이 너무 길다고?
복잡하다고?
걱정 마. 그래도 방법이 있어!
"어떻게?"

1200년 전에 살았던 세상에서 가장 이름이 기다란 수학자를 기억해? 바그다드의 아부 압둘라 무함마드 이븐 무사 알콰리즈미 말이야.
이 위대한 수학자가 방정식을 푸는 놀라운 방법을 발견했어!

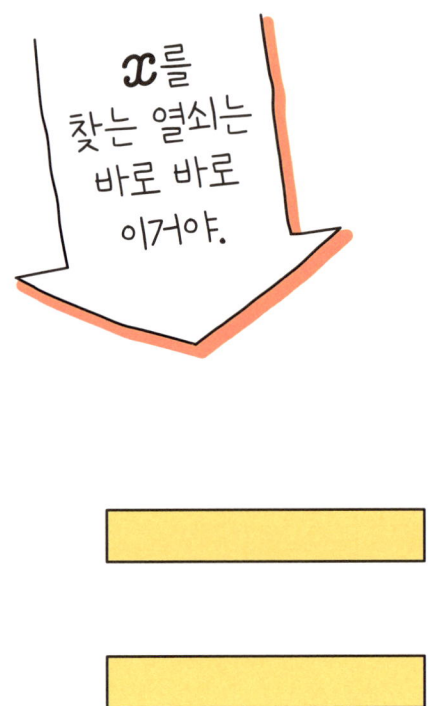

"겨우?"

그렇다니까.

왼쪽에 무엇이 있든, 오른쪽에 무엇이 있든 상관없이 항상 같다는 거야. 왼쪽에 짜장면이 있고, 오른쪽에 짬뽕에 있고, 그 사이에 =이 있다고 해 봐.

짜장면 × x = 짬뽕

"푸하하!"

수학자는 이렇게 말할걸.

'짜장면 × x와 짬뽕은 같다!'

"왜?"

=이 있기 때문이야!

아부 압둘라 무함마드 이븐 무사 알콰리즈미는 =을 노려보고 째려보다가 어느 날 놀라운 생각을 했어.

=의 오른쪽과 왼쪽에 똑같이 무언가를 해도 될까?

짜장면 × x + 8 = 짬뽕 + 8

푸하하!

정말이라니까.

양쪽에 수를 더해도 돼.

똑같이 더하기만 한다면!

양쪽에 수를 빼도 돼.

똑같이 빼기만 한다면!

양쪽에 수를 곱해도 돼. 나누어도 돼.

똑같이, 똑같이 하기만 한다면!

양팔저울의 오른쪽과 왼쪽에 똑같은 무게의 추를 올려도 양팔저울이 그대로인 것처럼 =의 양쪽에 똑같은 수를 더하고 빼고 곱하고 나누어도 돼.
바그다드의 위대한 수학자 알콰리즈미가 처음으로 이런 생각을 했다는 말씀!
덕분에 어렵고 복잡한 방정식도 쉽게 풀 수 있게 되었어. 볼래?

$$2 \times x + 8 = 90$$

=의 양쪽에 똑같은 수를 더하거나 빼!

8을 빼는 게 좋겠어. 똑같이 똑같이!

$$2 \times x + 8 - 8 = 90 - 8$$

오오앗,
이렇게 돼.

$2 \times x = 82$

=의 양쪽에 똑같은 수를 곱하거나 나눠!

2로 나눠.
똑같이, 똑같이!

$2 \div 2 \times x = 82 \div 2$

$x = 41$

척 보고 금방 x를 알 수 있는 식이라면 탐정처럼 째려봐.
척 봐도 금방 x를 알 수 없다면?
바그다드의 수학자 알콰리즈미의 방법을 써!
=의 양쪽에 똑같이 더하거나 빼거나 곱하거나 나누어
방정식을 간단하게, 간단하게, 더 간단하게 만들어.
언제까지?
마지막에 x만 남을 때까지!

⑦ x 제곱이 나타났다!

눈을 감아.

눈을 떠!

여기는 4000년 전 고대 도시야.

따라와. '점토판의 집'으로!

"그게 뭐야?"

고대의 학교야. 나라 안의 모든 어려운 계산을 도맡아 할
서기관을 키우는 곳이야. 점토판에 쓰인 책을 읽고,
점토판으로 공부를 한다고 점토판의 집이라 불러.

아이들이 땅바닥에 앉아 수학 공부를 해.

왼손에는 물렁물렁 점토판을 들고, 오른손에는 갈대를 들고.

선생님이 이런 문제를 냈어.

갈대로 점토판에 슥삭슥삭, 문제를 풀어.
앗, 틀렸잖아! 우물에 가서 물을 길어 와야 해.
"왜?"
물이 지우개거든. 점토판에 물을 묻혀 톡톡 두드리고 슥슥
문지르면 자국이 지워지고, 점토판이 다시 편평해져.
새 공책이 돼. 다시 풀어.
선생님이 돌아다니며 소리쳐.
'또 틀렸잖아!'
그럴 수밖에. 이건 아무나 못 푸는 어려운 방정식 문제라고.
4000년 전에 점토판의 집에서 나라 안 가장 똑똑한
젊은이들에게 가르치던 문제가 바로 방정식 문제야.
어떻게 풀까?
정사각형의 가로세로 길이를 모르는데 넓이를 알고 있다면!
제일 먼저 무얼 해야 되겠어?

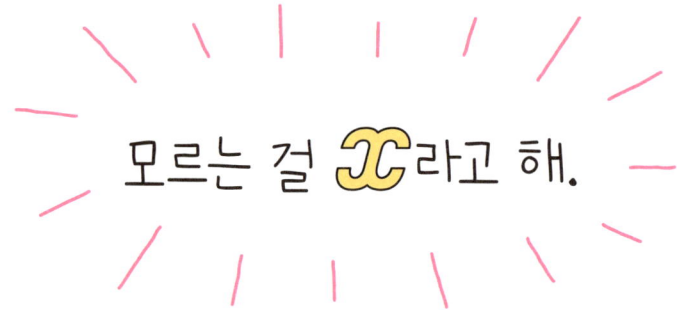

모르는 걸 x 라고 해.

가로 × 세로 = 36

$$x \times x = 36$$

"음…… 6이잖아. 6 × 6 = 36!"
"정사각형의 가로세로 길이는 6이야!"
와우! 점토판의 집을 수석으로 졸업해도 되겠는걸.
너는 방금 놀라운 걸 해냈어.

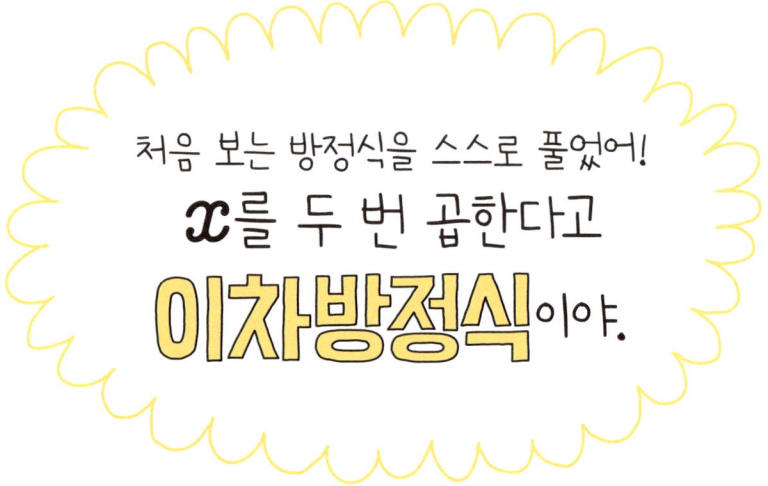

이차방정식은 쓸모가 많아.
땅의 넓이에 맞춰 세금을 매길 때, 땅을 사고팔 때, 궁전을 짓는데 통나무, 돌, 금이나 쇠가 얼마나 필요할지 알고 싶을 때…… 이차방정식이 필요해!

훗날 수학자 가우스가…

이차방정식은 풀기가 어려워.

"왜? 쉬운데?"

그건 네가 가장 쉬운 이차방정식을 풀었기 때문이야.

이런 이차방정식도 있는걸.

$2x^2 + 8x + 5x^2 - 11 = 0$

"헐."

이차방정식은 고대로부터 풀기 어려운 수수께끼였어.

수학자가 1000년 동안 풀지 못했다니까!

그런데 어느 날 세상 모든 이차방정식을 풀 수 있게 돼.

마법의 공식이 나타나!

"우와! 그런 게 있어?"

있어!

830년에 수학자 알콰리즈미가 발견했어.

알콰리즈미는 몰랐을 거야. 미래의 사람들이 마법의 공식을 달달 외우게 될 줄.

세계의 모든 학생들이 수학을 공부할 때 마법의 공식을 배워. 수학자들이 1000년 동안 풀지 못한 방정식을 이제 중학생이 풀어!

마법의 공식은 공학자들이 망치처럼 날마다 쓰는 도구야. 태풍에도 끄떡없는 다리와 초고층 건물을 지을 때, 폭탄이 어떻게 날아가 어디에 떨어질지 계산할 때, 로켓을 지구 밖으로 쏘아 보낼 때, 달과 태양이 얼마나 멀리 있는지 계산할 때, 라디오의 주파수를 정할 때, 병균이 불어나는 속도를 계산할 때…… 마법의 공식이 필요해!

⑧ 신전의 제단을 두 배로 크게 만들라

2000년 전에 그리스의 델로스 섬에 무시무시한 전염병이 돌았어.
사람들이 아폴론 신전으로 몰려가 신에게 병을 쫓아 달라고 빌었어. 그러자 신전의 여사제가 신의 뜻이라며 엄숙한 목소리로 이렇게 말했어.

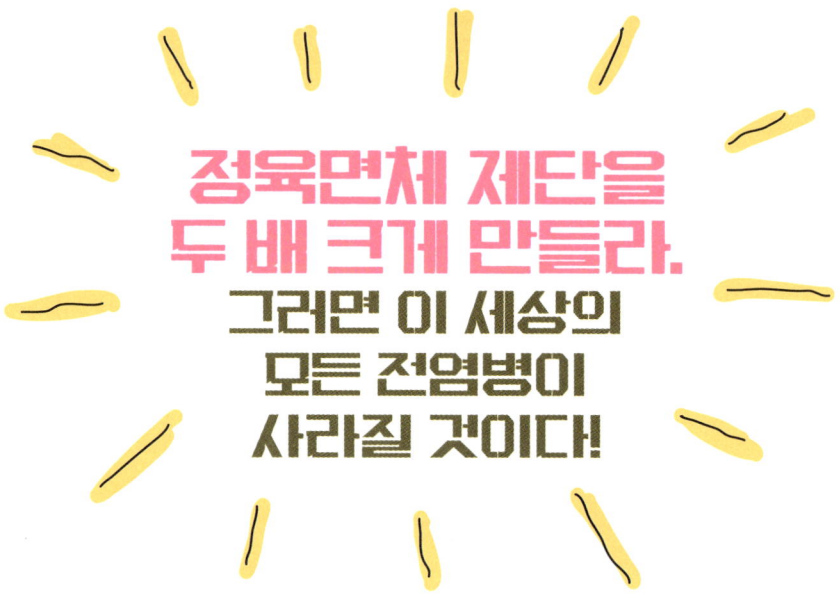

정육면체 제단을 두 배 크게 만들라. 그러면 이 세상의 모든 전염병이 사라질 것이다!

전염병이 사라진다고?
사람들은 대리석 돌을 쪼개고 쌓아 새로 정육면체 제단을 만들기 시작했어.

그런 것쯤이야…

사람들이 정육면체 제단을 두 배로 크게 만들어 신에게 바쳤어. 하지만 전염병이 사라지지 않았어.
어떻게 된 거야?
화가 난 사람들이 신전으로 몰려가 따졌어.
여사제가 신의 말씀을 전했어.

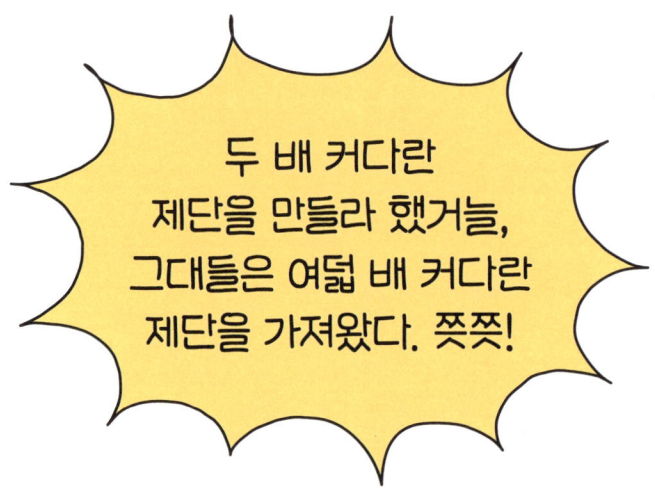

어떻게 된 걸까?
사람들은 가로, 세로, 높이를 모두 두 배씩 늘렸어.
그랬더니 세상에나!
여덟 배 커다란 정육면체가 되고 말았어!

정육면체의 부피는 가로×세로×높이야.
원래의 정육면체는 가로 2, 세로 2, 높이가 2였어.
그래서 부피가 8이야!

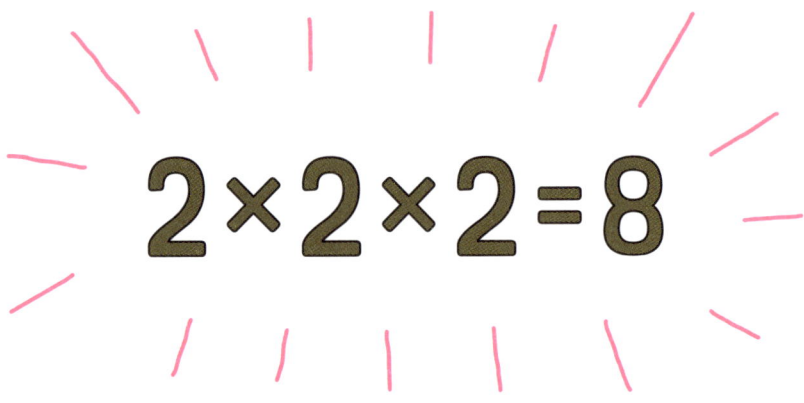

그런데 부피를 두 배로 크게 만들어야 해. 16으로!
어떻게 해야 할까?
가로, 세로, 높이를 얼마로 해야 부피가 두 배로 커질까?
"음…."
모르니까 x라고 해.
가로도 x, 세로도 x, 높이도 x, 그러면 이런 방정식이
된다는 말씀!

$$x \times x \times x = 16$$

x를 세 번 곱한다고 삼차방정식이야.

풀 수 있겠어?

기다려 봐!

"그런 건 없다고!"
"세 번 곱해서 16이 되는 수는 없어!"
없어!
그래서 사람들은 신이 명령한 정육면체를 끝끝내 만들지 못했어. 그래서 이 세상에 아직도 전염병이 없어지지 않았다는 거야.

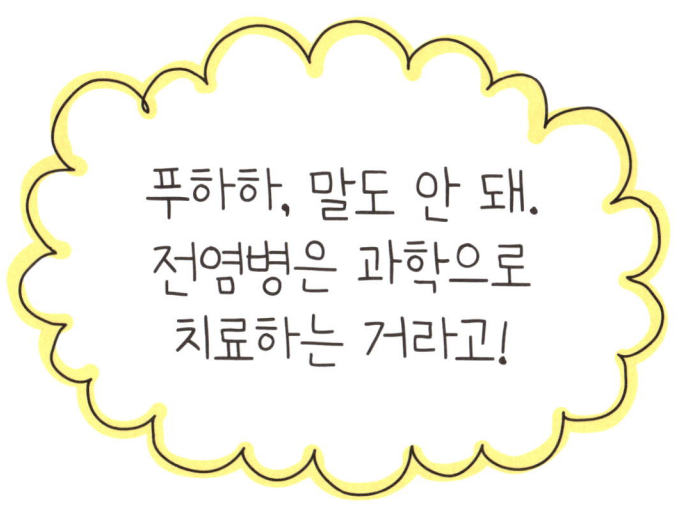

아마도 이 이야기를 쓴 사람은 수학자일 거야.
가로, 세로, 높이를 얼마로 해야 크기가 두 배인 정육면체를 만들 수 있는지 너무나 알고 싶었던 게 틀림없어.
1000년쯤 뒤에야 답이 밝혀져.

그건 2와 3 사이에 있는 어떤 수야.

2보다는 크고 3보다는 작은 어떤 수!

그런데 그게 정확히 얼마인지 아무도 몰라. 끝이 없어.

2.519842O9979……

이걸 3번 곱하면 16이 된다는 거야. 그런데 아무리 계산해도 끝이 나지 않아. 소수점 뒤에 수가 끝없이 끝없이 이어져.

100년, 1000년 계산해도 끝나지 않아.

그래서 신이 명령한 정육면체를 그 누구도 만들지 못했다는 슬픈 이야기야.

1535년 X월 X일

수학자 두 사람이 째려보고 있어.
찌직찌직 눈에서 전파라도 나올 것 같아.
보잘것없는 가문 출신의 타르탈리아와 저명한 수학자의 제자 피오레가 수학 대결을 펼쳐.
상대 수학자에게 문제를 30개씩 내.
그리고 40일 동안 그걸 풀어.
이긴 사람은 최고의 수학자라는 명예를 차지하고, 진 사람은 이긴 수학자에게 머리를 숙이고 한 달 동안 성대한 만찬을 베풀어야 해.
'이겨라! 이겨라!'
구경꾼들도 내기 돈을 걸고 응원을 해.
도대체 무슨 문제를 푸는 걸까?

삼차방정식 대결이야!
삼차방정식은 이차방정식보다 더 풀기 어려워.
수학자들이 700년 동안 삼차방정식을 풀 마법의 공식을
찾아 헤맸지만 찾지 못했어.
그런데 수학 시합을 며칠 앞두고 타르탈리아가 그걸
발견하지 않았겠어? 이렇게 하시오, 저렇게 하시오,
그 다음엔 이렇게 하시오……. 그대로 따라하기만 하면 되는
마법의 공식 말이야.
타르탈리아는 어찌나 뻐기고 싶었던지! 그걸 참느라 온몸이
간지럽고 두드러기가 날 지경이었어.
아무것도 모르는 피오레는 자기가 풀 수 있는 삼차방정식
문제만 가지고 의기양양 시합장에 나타났어.
그런데 어떻게 된 거야. 쩔쩔맬 줄 알았던 타르탈리아가
2시간 만에 피오레가 낸 문제를 모두 풀지 않았겠어? 시합이
끝났을 때 결과는?

독학으로 혼자 공부한 말더듬이 수학자 타르탈리아가
저명한 수학자의 제자 피오레의 코를 납작하게 만들었지
뭐야!
타르탈리아는 수학의 역사에 길이 남을 유명한 수학자가
되었어. 당대에 가장 유명했던 피오레는 지금은 아무도 몰라.
그런데 타르탈리아는 자기의 공식을 너무 사랑한 나머지
아무에게도 가르쳐 주지 않았어. 죽을 때쯤 살짝 흘려줄
생각이었을지 몰라.
타르탈리아가 어떤 삼차방정식이든지 푸는 마법의 공식을
찾았다는 소식을 카르다노라는 수학자가 들었어. 카르다노는
타르탈리아를 초청해 정성껏 대접했어.

만찬

타르탈리아는 카르다노의 성대한 대접에 감동을 해서 그만 비법을 말해 주고 말았어.

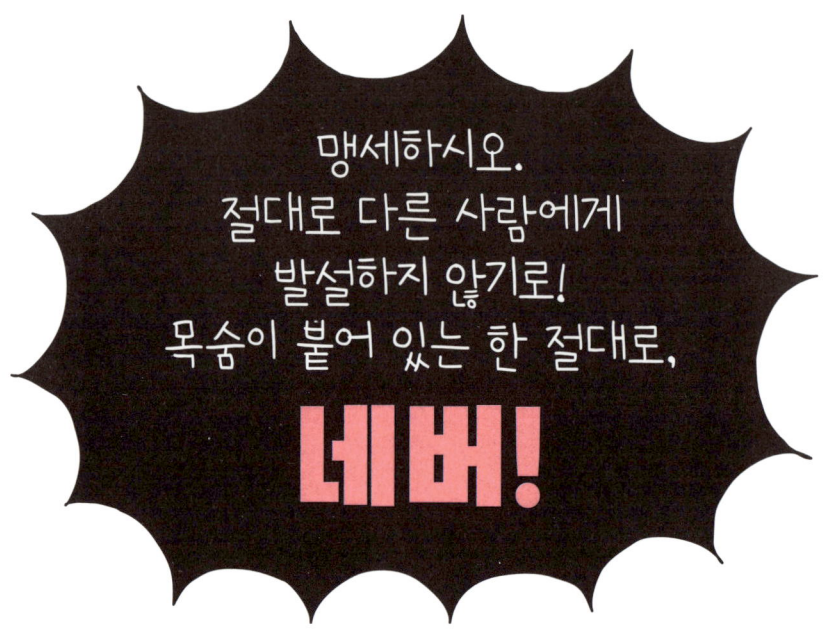

맹세하시오.
절대로 다른 사람에게
발설하지 않기로!
목숨이 붙어 있는 한 절대로,
네버!

그렇게 카르다노는 모든 삼차방정식을 푸는 비밀을 알아냈어. 하지만 얼마 뒤 《위대한 술법》이라는 책을 써서 자기가 알아낸 것처럼 발표해 버렸어.
화가 난 타르탈리아가 부랴부랴 책을 써서 출판했지만 너무 늦어 버렸어.

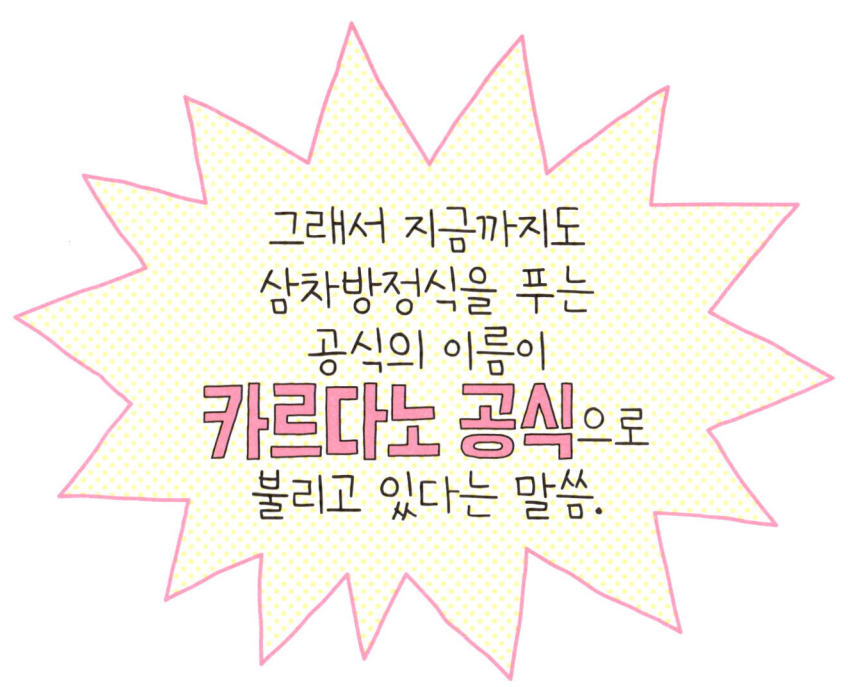

"헐! 나쁜 수학자잖아."

그렇다고 카르다노를 도둑 취급할 수는 없어. 삼차방정식을 푸는 비밀을 알아낸 건 타르탈리아지만, 카르다노가 타르탈리아의 공식을 증명했어.

카르다노는 자신의 제자가 알아낸 사차방정식을 푸는 방법도 함께 세상에 알렸어.

세상 사람들은 카르다노를 용서할지 몰라도 타르탈리아는 그럴 수 없었어. 카르다노에게 평생 동안 이를 갈며 살았다는 이야기야.

삼차방정식을 푸는 마법의 공식은 어떻게 생겼을까?
하지만 여기에 적을 수 없어.
너무 길고 복잡해서 그걸 썼다간 이 책을 읽는 모든
아이들이 책을 집어던져 버릴걸!

⑩ 인공 지능에게 수학을 맡겨?

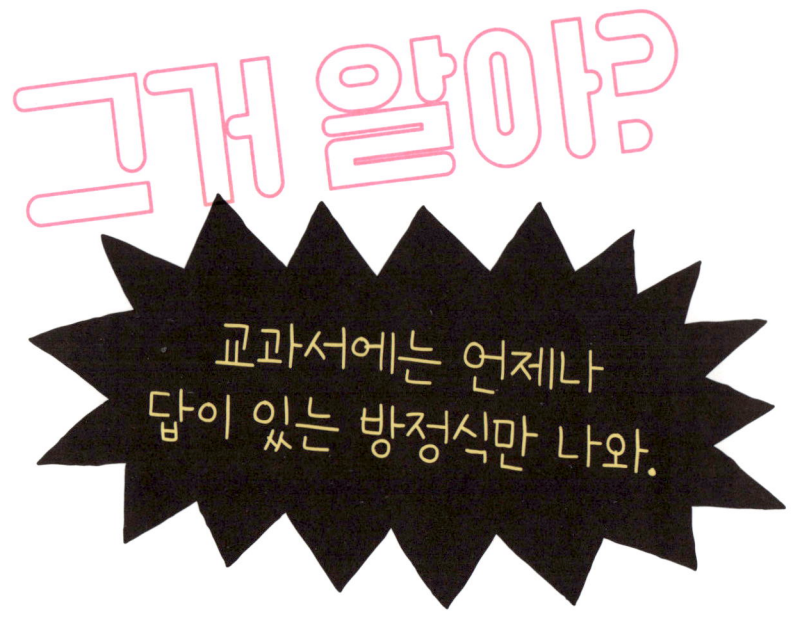

답이 없는 문제는 시험에 안 나와.
하지만 수학에는 답이 없는 방정식도 수두룩해!
답이 불가능한 방정식, 답이 무한개인 방정식, 답이 있기는 있는데 답을 찾는 데 100년쯤 걸리는 방정식……. 별별 방정식이 수학자를 괴롭혀.
하지만 걱정 마.

"정말?"

인공 지능은 할 수 있어. 답이 나올 때까지 모든 수를 끝없이, 끝없이 넣어 보고 답을 찾아.

너무 무식한 방법이지만 속도가 너무 빨라서 그걸 해낸다니까!

답이 없는 문제라고?

그래도 괜찮아.

컴퓨터는 답은 아니지만 답에 가장 비슷한 걸 찾아내!

혹시 친구와 싸웠어?

네가 '친구와 화해하는 법'이라고 구글에 검색을 하면, 구글의 인공 지능은 수많은 웹 페이지 중에서 어떤 게 가장 적절한 정보인지 방정식을 써서 계산한 다음 너에게 차례로 보여 줘!

복잡한 계산을 계산기에게 맡기는 것처럼 언젠가 방정식을 푸는 건 모두 인공 지능에게 맡기게 될 거야.

"와우! 그럼 수학을 안 해도 돼?"

아니, 재밌는 수학은 사람이 하고, 재미없고 지루한 수학을 인공 지능에 맡겨!

컴퓨터는 사람보다 훨씬 방정식을 잘 풀지만 새로운 방정식은 못 만들어.

방정식을 만드는 건 사람이 훨씬 더 잘해!

볼래?

우리도 지금 당장 뚝딱 방정식을 만들 수 있다니까.

$x + x - 3 = 1000$

$2x - 6 + 7x = 9$

$x - x - x = 0$

어때? 이렇게 1초에 한 개씩 백 개도 더 만들 수 있어.

"나도 할래!"

하지만 이건 중요한 방정식이 아니야.

쓸모 있는 방정식도 아니고.

"왜?"

글자를 안다면 가갸거겨를 쓸 수 있어. 고교구규도 쓸 수 있고, 나냐너녀, 노뇨누뉴도 얼마든지 쓸 수 있어. 하지만 그게 아름다운 시는 아니지 않겠어?

중요한 방정식이라면
모름지기 문제를 해결하거나
눈에 보이지 않는 비밀을
알아낼 수 있어야 해!

이런 건 어때?
우리 우주에 지적인 외계 생명체가 존재할 확률에 관한 방정식.
인간의 도덕성을 측정하는 방정식.
전쟁에 승리할 확률에 관한 방정식.
어떤 수학자는 방정식과 피자를 너무 사랑한 나머지 이런 논문을 썼어.

완벽한 피자를 만들기 위한 수학 방정식

하하! 오늘 피자를 시켜 먹었어?
어쩌면 네가 오늘 시켜 먹은 피자 속에 방정식이 숨어 있을지도.

아름다운 방정식은 몇천 년이 지나도 살아남고,
아름다운 방정식은 쓸모가 많아.
아름다운 방정식은 우주의 비밀을 드러내고, 세상을 바꿀
힘이 있어.
볼래?
세상에서 가장 유명한 방정식이야.

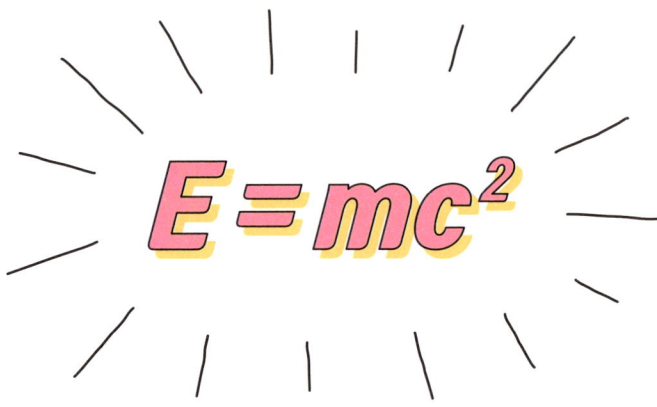

겨우 곱하기 세 번으로 이루어진 단순한 식일 뿐인데, 여기에
태양과 별들이 빛나는 비밀이 들어 있어. 알베르트
아인슈타인이 알아낸 방정식이야.
언젠가 인류가 핵융합 발전을 하게 된다면 아인슈타인의
이 방정식 덕분이야!

지구가 태양을 돌고,
달이 지구를 도는 비밀을 알아낸 것도,

블랙홀이 있는지도 몰랐을 때
블랙홀의 정체를 예측한 것도,

태양계 너머 우주선을
보낼 수 있는 것도

방정식 덕분이야!

지금도 수학자들은 방정식과 씨름하고 있어.

언젠가……

무인 자동차가 도로를 질주하려면,

로봇이 너와 함께 학교에 가고 축구를 하고 냉장고에서 우유를 꺼내 주려면,

메타버스 학교에 다니고 싶어?
그렇다면 누군가는 방정식을 풀어야 해.
언젠가 인류가 외계 행성으로 이주해야 한다면
방정식을 한 뭉치 가지고 떠나야 할걸!

참고 문헌

케이스 데블린, 전대호 역, 《수학의 언어》, 해나무, 2003

존 더비셔, 고중숙 역, 《미지수, 상상의 역사》, 승산, 2009

찰스 세이프, 고중숙 역, 《무의 수학, 무한의 수학》, 시스테마, 2011

윌리엄 바이어스, 고중숙 역, 《수학자는 어떻게 사고하는가》, 경문사, 2011

스티븐 스트로가츠, 이충호 역, 《X의 즐거움》, 웅진지식하우스, 2014

이언 스튜어트, 노태복 역, 《교양인을 위한 수학사 강의》, 반니, 2016

이언 스튜어트, 김지선 역, 《세계를 바꾼 17가지 방정식》, 사이언스북스, 2016

조지프 마주르, 권혜승 역, 《수학 기호의 역사》, 반니, 2017

미카엘 로네, 김아애 역, 《수학에 관한 어마어마한 이야기》, 클, 2018

에르베 레닝, 이정은 역, 《세상의 모든 수학》, 다산사이언스북스, 2020

제이슨 윌크스, 김성훈 역, 《수학하지 않는 수학》, 시공사, 2020

수냐, 《톡 쏘는 방정식》, 지노, 2020

《미래가 온다》 수학 시리즈는
미래를 바꿀 첨단 과학에 숨어 있는
수학의 원리를 배우고, 수학자처럼
사고하는 법을 체득하는
어린이 수학 정보서입니다.

01 수와 연산 **외계인도 수학을 할까?**
김성화·권수진 글 | 김다예 그림

02 소수와 암호 **거대 소수로 암호를 만들어!**
김성화·권수진 글 | 한승무 그림

03 기호와 식 **X가 나타났다!**
김성화·권수진 글 | 정오 그림

04 도형 **삼각형은 힘이 세다!**
김성화·권수진 글 | 황정하 그림

05 위상 수학 **첨단 도형이 온다!** (출간 예정)
김성화·권수진 글 | 김진화 그림

06 함수와 그래프 **함수는 이상한 기계야!** (출간 예정)
김성화·권수진 글 | 강혜숙 그림

07 패턴과 예측 **화장실 도둑을 잡아라!** (가제 | 출간 예정)
김성화·권수진 글

08 차원과 대칭 **괴물도형이 보여?** (가제 | 출간 예정)
김성화·권수진 글

09 확률과 통계 **동전을 백만 번 던져!** (가제 | 출간 예정)
김성화·권수진 글

10 무한 **무한괴물이 문제야!** (가제 | 출간 예정)
김성화·권수진 글